GW00469674

ISBN: :978-1-7391219-6-9

Published by:
THE ROAD COMPASS PRESS

WWW.theroadcompasspress.co.uk

Introduction

Richard has over the years marked
special occasions with his beautiful
poems, songs, prose...

And now particularly creating stories
for his dear grandchildren

With much love...
Patricia

Designed and typeset by Sussex Living Ltd

01273 835355 | www.sussexliving.com | sales@sussexliving.com

Beyond Time

4

The Song of Sunrise

Poems by
Richard Gaete-Holmes

The Selections of *Poems Beyond Time 4: The Song of Sunrise*, written by Richard Gaete-Holmes Esquire

Indeed, all the poems included in the above selection, are taking you away, first on a voyage in the realms of youth, and at the same time his immense love of nature combined with cosmic thoughts, leads you to the unique eternal, beautiful road of mind and soul.

Dorothea Elizabeth Chronopoulou

Index

The Song of Sunrise

It was before the cockcrow,
It was early and bright,
the Sun was dawning,
the dew was wet'
and the bud was in eos.
Arise …
bright sunshine …
trigger the flora,
to-twiggle*,
with the passing wind.
To wiggle,
to twist,
to open the bud …
the flower appeared.
It was the silence,
of the passing wind,
playing heavenly,
the ancient lyre.
It was the music,
of the genesis,
the dawning of germination,
the onset
of the onset,
of the source,
the emergence,
of the soul,
the origin,
of the new beginning,
the music,
of the flight,
the aurora of the divine.

RGH, 20 June, 2022

* Scottish word = To swing to and fro

Conception

Before Dawn,
the Silence has set,
the kiss was withdrawn,
as the dew set.
The Dream was flowing,
beyond the self,
drawing from the wind,
the gaging from above,
the nest of love.
The hands touching,
and the tears,
from your eyes rolling,
as the conception,
was flowing,
as the morning was breaking…

RGH, Helianthus 19 June, 2022

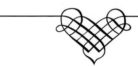

The Little Star on the Icy Snow

It was a very cold morning and I decided to go
for a walk on the deep snow.
My boots sunk in the frozen white carpet.

There was silence,
except for the creaking,
the squeak of the broken crystals,
squashed by the force of the boot.

Man, can you stop?
Man, can you look?
Do not walk,
as you disturb the peace of growing crystals.

We came this year to show you the beauty of Gaea.
The Mother,
the Pachamama,
who created earth with the help of the Sun.

See me shine,
with the rays of the Sun,
reflecting the face of frozen water.

Water that gives life.
Life that gives,
beauty.
That beauty, that created the Star.
The Star that lead to Bethlehem.

Elation…
Xmas has come again,
So we can rejoice with the arrival of the paidion[*],
the infant Child.
Rejoice!

RGH, Helianthus, Ditchling 16 December, 2022

[*]paidion: gr. infant

Barbara Susan

Born were thee…
Almighty happiness
Raced upon them,
Bringing forth that light…
All bells where towing
Round the churches in town
At the Arrival…
Soon, a small cry…
Upon that sound
She, mother, shows the breast,
Answer it was…
No more cry… only a smile…

Rgh, Helianthus, Ditchling, 4 September, 2023

La Flor
del Abuelo

Abuelo,
sobre tu ojal siempre portabas,
una flor,
era tu sonrisa,
que se reflejaba,
en aquella flor,
de temprano te levantabas,
a buscar en tu jardín,
una nueva florescencia,
pues sería,
hoy,
un nuevo jazmin.

RGH, Helianthus, 16 de Junio, 2022

El Pan

Al albor nacían los aromas de la cocina
y el pan tomaba su tonalidad,
y emanando moléculas orgánicas para
despertar hasta los más soñolientos,
los pájaros se paraban en el alero de la
ventana pidiendo sus migas, aun calientes,
pues afuera la temperatura se tornaba
blanca y el cantar de ellos,
sus estribillos se congelaban en el
aire del amanecer,
el ritmo de la canción no fluctuaba pues la
armonía de la mañana está helada.

El pan flotaba,
pues poco quedaba,
y solo migas la mesa abrigaba,
del pan que soñaba.

Melodía Invernal

Desciende el invierno,
Sobre el campo y los árboles,
Se marchitan las hojas,
Que conocieron el calor del estío.
Es el frío …
de la noche
que todo lo envuelve,
con esa frazada pujante de cristales,
que solo sabe
pintar de blanco
Los pajarillos se remontan,
a las varas astias[*]
de aquel viejo rosal.
¿Pues que pastor no da?
Son los rosales
silvestres del jardín,
aquellos pastores de la armonía,
de la melodía invernal.
Pues alli todavia,
están los escaramujos[**],
que serán cena,
para los pajarillos
hambrientos,
que se posan
en espera…
De la mañana serena,
Pues mañana será
el renacer
de la juventud.
Ese nuevo conocer,
el retorno…
del amor primaveral.

RGH, Helianthus, 23 de Dic, 2022

[*] Palo utilizado por el pastor para ayudarse a caminar [**] Fruto del rosal silvestre

Amapola Roja

En la pradera imperial,
nacían entre rosales blancos,
estas sencillas amapolas,
que, desde sus pétalos y corolas,
de rojo y azabache,
acompañaban,
al forastero,
que caminaba
por esa senda
de flores imperiales.

RG.H, 08.07.23

La Cigüeña por la Ventana

Veo a la cigüeña volando,
como una paloma blanca,
pues trae un mensaje,
portando
ramitas,
y más ramitas.
Tú corres y cierras la ventana,
pero ella se posa en el alero,
y te mira …
Tú corres a cerrar las otras ventanas …
pero el nido ya está en tu vientre.
nace …
el ser que engendraste,
su gemir se escucha,
el llanto de un nuevo ser querido.
Por la ventana,
vuelves a ver a la cigüeña volar,
hasta mañana, le dices,
Gracias por aquel día ….

RGH, Helianthus, Ditchling, Diciembre 2023

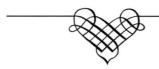

Beso

Aún no te conocía,
pero escuchaba,
los acordes
que traía,
el viento estival.
Era como una melodía del viento,
pero nacía del alma,
del alma sensorial.
Solo era como un tintinear,
de ramas,
que murmuraban al viento
esa cancion de alondra
que despierta a la flores,
en la quietud del arroyo.
Eran como esos trinos musicales
del ruiseñor,
borboteos y silbidos,
era el canto
de tu alma,
que llegaba
por la flora divina,
a
capturar la quietud de mi corazón.
Eran esas palabras
que no sabías balbucear,
pero tañían del corazón,
como campanas
que decían:
Ven a mis labios
mis labios…
un beso dame,
mi amor…

Nuestra Vendimia 2021

El camino barroso,
los pies en aquel barro angelical,
pues si lluvia había caído,
Dicen que mucha.
La uva yacía aún en su vid,
esperaba las manos …
callosas del labrar,
y no llegaban,
pues aun llovía.
Sintieron el runrunear,
si, vienen, exclamaron,
sin mucho rogar,
y con mucho plegar
llamaban pues vino,
querían dar.
Éste, no llegaba,
pues pegado estaba en el fangal,
tiraban con sus brazos estrechados,
los hombres y mujeres del vendimiar.
Abandonarlo, dijeron,
pues no saldrá.
la zaranda no cantará,
la uva otra noche permanecerá
sobre la mata que le dio nacer.
Mañana será otro día,
en que el Sol saldrá,
y las manos callosas,
volverán,
a recolectar.

RGH, 7 de Mayo, 2021

Canto al Pipeño de La Capilla de Villa Alegre

Vamos a Villa Alegre caminando
vamos andando,
que la uva está sonrosada.
Vamos vendimiando
vamos cortando
vamos recogiendo
que El Pepiño está llamando.
Vamos zarandeando
vamos bailando
que el mosto está escurriendo,
la zaranda cantando
y los escobajos volando.
Los lagares esperando
el mosto remojando.
¡Vamos remontando!
vamos pipeteando
vamos pertigando
vamos pisoneando.
Vamos zapateando
que el vino está chorreando
lleno del sabor
de dulzura y color
lleno de amor.

¡Es un gran pipeño!
hecho
por los cabros, de
la Viña del Sabor
Viña La Capilla
¡Por Favor ....!

RGH, 02 Mayo de 2020

Avena

Vi,
la avena madurando,
como una mujer encinta,
sus granos crecían,
como seres que se amaban
y
con el paso de los días,
los pliegues
del capullo
se abrían,
para capturar
el alma mía,
el sol naciente,
con su fruto
que lleva,
el germen,
del Ser.
La lemma te recubre,
como brazos de mujer,
para que el racimo de espiguillas,
puedan nacer,
y yacer,
sobre las manos,
callosas,
del Ser.

RG.H, Helianthus, 31 Enero 2022
Foto J.C. Bravo, Viña La Capilla, Villa Alegre

Estero de Agía Nera

Naces en la montaña,
en la laguna del viento,
y el agua,
desciende
lamiendo
las piedras
de los montes silvestres,
por aquella quebrada
a la que tu diste origen
Esa mítica bajada,
por los cerros pelados,
por el viento…

que trae en sí,
el agua inmortal,
que baña,
tu corazón.
Donde solo estás tú
la montaña
y el cielo.
Ya más abajo;
te encuentras,
con el Arrayán florido,
que su perfume,
empaña tu alma,
con las dulzuras,
del cielo.
Sigues descendiendo,
los piuquenes,
te dicen adiós
desde lo alto,
pues ya no te verán, porque
luego llegarás
a la mare
que te dio nacer.
Adiós,
Aguas Benditas,
que…
mañana,
volverás a nacer.
El Arrayán o Luma Apiculata

RGH, 25 de Agosto, 2022

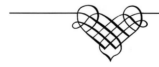

Pétalos

Los pétalos llamaban,
pues era medio día,
y en sus nectarios tenían,
guardados la savia dulce,
en su secreto almizclero,
que solo la proboscis,
de ese animal dorado,
de alas pardas,
amarillentas casi anaranjadas,
que se tornan con el Sol.
Llamaban con su perfume fino, suave y ligero;
sus esencias se abren al cielo;
para llamar a la concepción..
alada llega,
y rozando el estambre,
llega al estigma,
El aroma llama …
el viento lo porta,
y tu alada amiga,
das así,
el fruto…
a aquella flor.
El vuelo va,
y
el vuelo viene,
y mañana,
será
fruto de ese vuelo inmortal.

RGH, Helianthus, 30 de Mayo, 2022

Rosal Amarillo

Había un rosal,
que de una maceta nacía,
y el viento mecía,
más crecía,
más mecía…
más grecia,
y un día cubría
todo los que adormecía
pues de él salía
la luz que nacía
Doralia, Doralia,
regalo darla,
regalaría,
perfumes de almíbar que aparecían,
cuando amanecía,
y ese es el cuento de Doralia que desde la maceta nacía.

RGH, Helianthus, 28 de Mayo, 2022

Regina Rosa

Por un camino sin senda,
caminaba él o ella,
pues no había huellas,
y el camino era polvoroso,
propio del llegar,
junto al riachuelo,
donde estaba ella,
y solo del deseo
de remediar penas,
los impulsaba,
a llegar,
a encontrar…
Pues,
al final del rastro,
estaba ella…
que en silencio vivía,
acompañada de la melodía,
de la vida,
que entonaba,
el riachuelo
al pasar silencioso,
pues la paz reinaba…
Se sentaban ellos,
como sin saber,
a los pies
de aquella planta,
de habla latina,
que,
tenía un gran corazón,
y salía,
el relato de esa pasión…

Ella escuchaba
en querencia,
la expresión,
pues había en ellos,
un padecimiento…
En ese instante,
de abrir el corazón,
el riachuelo parecía detenerse,
y el agua no fluir,
esperando poder compartir
con ella,
Rosa…
el sufrimiento
de esa alma
enferma,
que buscaba,
poder abrir,
su corazón…
La flor se abría,
para contar,
su sed,
su sufrir,
el no poder
amar…
El silencio,
se hacía,
pues parecía,
que incluso
la brisa,
se detenía…
Ella escuchaba,
en el silencio,
el relato de la pasión…

y parecía decir:
escuchad,
hermanos,
que mañana será otro día,
y esperanza,
y luz,
saldrán,
de vuestro corazón...
Sé que hoy,
no puedes ver,
pues la lágrimas,
ciegan
tus ojos,
pero deja tu espina
en mi rosal,
y de él,
nacerá para ti,
una nueva flor,
radiante,
llena de esperanza
y creación...
Pórtala,
siempre en tu corazón,
pues será en ti,
la génesis de tu gran amor.
y aquel capullo,
será
la flor de tu creación...

RGH, Helianthus, 31 de Mayo, 2022

Siembra

La rastra
seguía a la sequía
y ella
aun regía,
entraba en el suelo
pero él la rehuía
Gritaba sal de aquí
Pues rey soy.
Clamaban por lluvia,
pues la sequía,
Seguía
La rastra lloraba
pues no fluía,
mañana
pan no habría
pues la siembra
aun callaba,
la semilla no se hundiría,
no se erguiría
y el ansia
sobrevivió
Cantos en la abadía
Salían,
Llamando
pero la agobia,
y la acedia
nacía,
pues acá se veía
que la siembra
no existiría
y el trigo
no nacería.

Clavel

Quisiera tener un clavel,
Blanco como cascabel,
Que torna con el tiempo;
al pasar el viento;
En Flor magistral.
Pues su corola radía,
La Luz más hermosa,
Pues formada
Está…
De alas encantadas,
Que se abren,
Pues no-yacían…
Eran coronas divinas,
Como el alba
Que nacía…
Alegría traían,
Y daban
Al amante, su pasión inmortal.

RGH, Helianthus 15 de Junio, 2022

Sombrero

Soñaba cubrirme la cabeza,
con un tul…
ligero,
de novia
y bailarina.
Delicado,
que me hicíera soñar…
y que fuera transparente.
Con un brillo,
que solo los ojos
de mi hijo,
pudieran ver.
Era un símbolo,
de alegría,
de elegancia,
para una ceremonia especial,
blanco,
pues portaría ligereza,
y la transparencia,
del amor de madre.

RGH Helianthus, 22 Diciembre de 2023

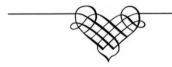

Dos Besos

Pues, es la historia amorosa,
de una rosa,
a dos,
que sonrosa,
porque era muy terrosa
y al salir el sol se ponía llorosa,
pues era honrosa,
y de flores olorosas,
ferrosas,
o cuprosas,
Un beso,
y quien sabe dos besos,
pues tus labios se alzaban,
como rosas,
a captar el rocío de tus besos,
se estrechaban en pasión,
y expresaban,
la amorosa …
quietud del estío.

RGH, 2nd June 2020

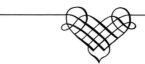

Los ojos de mi abuelo

Me contaba la ninfa de mis sueños que cuando miraba
a los ojos de su abuelo
materno:
Él la envolvió con la mirada de la oración.
Ese abrazo,
de brazos extendidos,
abarcaban más allá,
de su propia largura.
Era el ensueño de aquel decir,
pues no habían
palabras…
solo,
él.
Me tocaba,
la frente,
con sus manos suaves,
de vertiente pura;
manos suaves del decir.
Me corría,
la chasquilla,
y
murmuraba:
"Deja que tu frente,
crezca,
llena del saber":
"no la ocultes".

En aquel instante,
no sabía el porqué.
y
Yo…
solo quería
los porqués …
No, me decía:
"No la ocultes,
pues,
es ella,
la frontera del saber,
el Universo del Ser",
Esos eran los ojos de mi abuelo.

RGH 22nd March 2020

Capullo

Hoy estuvo helado,
y normalmente cubierto,
se abren los primeros,
capullos de narcisos,
pues empieza a llegar la
luz, del día,
y la noche se estrecha,
como abanico de seda.
La camelias abren
sus botones
verdosos,
para nacer,
los retoños florales
cubiertos
de colores
del rojo carmesí
al
blanco,
de tu alma pura,
que refleja
el rocío,
matinal
con su alegría
de la noche día.

RGH, 18 Marzo, 2020

Bordado

Si yo tuviera un bordado,
éste sería,
de multicolores,
pues llevaría,
los colores de mi amada...
El blanco de su alma,
el rojo de su furia,
el azul de su acuario,
el áureo de su corazón.
Si yo tuviera un bordado,
éste sería,
más hermoso que un bordado tiroles,
pues llevaría,
un encaje,
de punta en blanco.
Si yo tuviera, un bordado,
éste sería,
bordado,
por finas agujas de acero escocés.
Si yo tuviera un bordado,
éste sería,
hilado,
por doncellas nacidas,
en los Taygetos,
de la Grecia inmortal.
Si yo tuviera un bordado
éste llevaría,
bordada,
la insignia de Eleftheria,
del Monte Inmortal.

RGH, Helianthus, 07 de Julio, 2022

El Beso

Yacías sobre la hierba.
radiante,
como el sol de mediodía,
la alegría radiaba,
de ti,
como el albor de ese día,
pues tu corona,
era de corazones,
de eclosiones,
de luz,
pues portabas,
la irradia,
que traía,
tu amor,
al beso ensoñador.

RGH, Helianthus, 02 de Julio 2023

Las Cuerdas Ancestrales

Vuestros dedos tocan,
esas cuerdas,
arregladas
en pares,
como parejas eternas,
nacidas
en la herencia ancestral,
donde reina
la armonía.
Cuerdas tensas,
que generan
aquella pulsación
armónica,
que llega al corazón,
pues hay pasión …
No hay distorsión,
pues nace la composición
del alma corporal,
que resuena,
con la melodía
celestial.
De sedas externas,
engendradas
en la pasión divina,
con la misión,
de generar
la alegría,
en la entrega
de esa gestación…

Rosa

Ayer caía el rocío
sobre tus pétalos translúcidos,
Hoy, la luz emanaba
pues en tus pétalos yacía,
el calor de madre que renacía,
envolviendo a tus retoños,
en el seno de la gracia,
tus pétalos se abrían,
acogiendo en tu rosácea
el clamor de vida,
que emanaba alegría…

RGH, Ditchling, 15 Junio, 2021

Rosa de la concepción

En el cantar de tus pétalos,
Había amor,
En el bailar de tus estambres
Habia concepción,
En el dorado de tu polen,
Había riqueza,
Era el querer de la Flor.
En su sublimación…

RGH, Ditching, 15 Sept 2020

La Cigüeña por la Ventana

Veo a la cigüeña volando,
como una paloma blanca,
pues trae un mensaje,
portando
ramitas,
y más ramitas.
Tú corres y cierras la ventana,
pero ella se posa en el alero,
y te mira…
Tú corres a cerrar las otras ventanas…
pero el nido ya está en tu vientre.
nace…
el ser que engendraste,
su gemir se escucha,
el llanto de un nuevo ser querido.
Por la ventana,
vuelves a ver a la cigüeña volar,
hasta mañana, le dices,
Gracias por aquel día…

RGH, Helianthus, Ditchling, Diciembre 2023

Flor Rosácea

Flor de Rosa,
dorada y vellosa,
Es tu rosa,
Nacida
en el día de hoy,
sus tenues amarillos,
del albillo,
con el fragante perfume,
que te ajume.
Almizclar,
siento en mis papilas,
es el aroma,
de tus labios …
que se acercan …
Cierro los ojos,
y
solo veo y siento
tus pétalos,
que se sellan
se llenan,
con el amor,
del origen
de nuestro rosal …

RGH, Helianthus, 10 de Junio, 2021

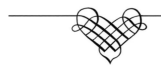

El Anillo
de Novios

Nacía en las Fraguna,
pues no era gordiano,
la luna lo llevo.
Era oro,
que el Campesino sembró,
y el viento lo dejó.
Déjame que baile,
Con las llamas eternas,
de la pasión del corazón…
Los novios lo miran,
como en la fragua
se transforma…
En esa circularidad,
que el yunque
le da forma
y cuerpo.
Círculo eterno,
sagrado…
Lo miran en la perfección,
pues,
es el fuego del yunque,
que les llena el corazón.
Mañana la trompeta clamará,
los novios pasarán por el olivar,
y portarán el aceite del cielo…
que los bendecirá,
con el símbolo
del amor eterno…
Repican las campanas, repican las campanas…

Mi Lucero

Rosa de los luceros,
de alba naciste,
pues eres lucero,
estrella…
que llena nuestros corazones
'Morgenstern'.
Tu amanecer,
conoció mi pecho,
pues muy de alborada,
amamantaste.
Aquel acto,
que susurrabas,
con cariz de soñadora.
Así, tu nacer,
es sueño,
es realidad…
sensación de dar.
Dar,
aquel aspecto femenino,
de cercanía,
de vivir,
de ser madre,
te quiero,
mi lucero.

RGH, Helianthus, Ditchling, 14 Octubre, 2022

Me llamo Lirio

Caminante, me preguntas mi nombre y te respondo:
'Lirio'.
'Lirio de los valles', agregas,
'No', le respondo.
'Soy lirio de la Pureza', le agrego.
'Lilium', me nombraron cuando nací como
monocotiledónea.
'¿Eres acaso una flor común del campo'?' Me volvió a
preguntar.
'Si, con fragancia agradable', le respondí.
'Me gustan las azucenas ', me dijo, algo confundido.
'Mis capiteles se alzan en redondo sobre la columna de
fibra, que es el tallo', le contesté.
'Te quieren los insectos'?, me volvió a preguntar.
'¿Acaso no ves como los dirijo?'
'No, ¿cuéntame cómo'...
'Con fuertes colores que despliego en mi velas capiteles,
les creo una alfombra de polen, de color áureo como el Sol
naciente y les señalo con antocianinas, que son pigmentos
de mi floración, por donde poder aterrizar y caminar al
sagrario, donde encontrarán el néctar de su vida'.
Y del lirio dijo Jesús: 'Observen cómo crecen los lirios del
campo: no trabajan ni hilan, y aun así ni el mismo Salomón,
con toda su gloria, se vistió como uno de ellos'.
'Si, te puedo agregar que los griegos en la antigüedad
entregaban coronas de lirios, a sus mujeres, para desearles
amor y una vida fructífera. Somos aquel símbolo de
femineidad, amor y pureza.
'Caminante, anda y lleva tu lirio'.

RGH, Helianthus, Ditchling. 19 de Junio, 2021

Libertad Inmortal

Ciudadano:
Levanta esa bandera,
que lleva los colores del mar y del cielo
y de las nieves eternas del Olimpo.
Ella,
porta el clamar del pueblo helénico,
que tuvo que buscar ese principio inmortal,
que había sido usurpado,
del corazón de la Grecia Inmortal...
Hoy, te alzas libre de ese yugo,
y celebras,
cuarenta lustros de libertad.
Brindemos por esa transcendencia,
de libertad inmortal.
Helenos sois libres!

Richard Gaete-Holmes, 23 de Marzo, 2021

Las Lechuzas de Helianthus

Caía la tarde, había sido un día de cielos cubiertos y grises, con una suave llovizna, que había mojado todos los pastos y árboles, pero me urgía poder salir a campiñar, ahora que el crepúsculo se cernía sobre la campina.

Al caminar por los mojados pastos, los pasos se tornaban silenciosos ya al pisarlos, estos se doblaban pero luego, rápidamente se erguían. Las flores del botón de oro parecían iluminar el anochecer, pues los breves rayos de luna los hacían despertar y radiar un áureo resplandecer.

Los tréboles con sus hojas trifoliadas acompañan a los botones en su iluminar y sus cabezuelas que están formadas por muchas flores, parecen con las luz del atardecer, ser una sola flor, formada por aquellas inflorescencias.

Caminas por esa carpeta dorada, con matices de blanco y recuerdas que con los días de sol, que son escasos, las mariposas, abejas melíferas y abejorros se alimentaron de su abundante néctar, llenando el ambiente de sutiles aromas que envuelven el crepúsculo.

Al llegar al final del potrero, donde se yerguen añosos robles, ya el anochecer se hace real. Tenues rayos de luna nacen entre las nubes estivales.

En ese instante se escucha un grito de alarma, bastante estridente…

Me detengo paralizado, el grito se silencia, me acuclillo para que no me vea y mi sombra no se proyecte. Pues para ella es una amenaza a su seguridad. Se hace el silencio, y luego de una larga pausa, se escucha un 'gwooooohk' que suena como un canto tan nasal a nuestro oído, pero su canto tiene una inflexión ascendente y más gwoooooohk, gwoooooohk, gwoooooohk. Es el llamado de la lechuza macho a la hembra, pues es noche de concepción.

La respuesta se escucha después de breves segundos, y es una melodía suave, de 'too-wit-wio, too-wio, too-wio de aceptación y alegría. Son las lechuzas de los robles de Helianthus. No las puedo ver, pero si, me envuelve su melodía conyugal.

Escuchándolas en su enlace amoroso me quedo dormido, y sueño con Atenea la diosa de Atenas, hija de Zeus. Atenea, que fue engendrada sin madre y emergió adulta de las frente de su padre. Aquella diosa virgen del Acrópolis, donde una de sus mascotas era la lechuza, que hoy se conoce con el nombre latino de 'Athene Noctua', o la 'Atenea de la noche'. Para los helenos, la lechuza representa la sabiduría y se convirtió en símbolo de Atenas.

Me despierto, con frío y mojado, pensando en ese folklore, donde se cree que las lechuzas de Atenea tienen una mágica luz interior, que les permiten ver de noche. ¿Era esta la habilidad que tenia la diosa Atenea, de poder ver, cuando otros no podían hacerlo? ¿Era esa la previsión, el poder de vaticinar, que le daba esa sabiduría interna a la diosa del Panteón?

Georg Hegel, el filósofo germano del siglo dieciocho, decía en uno de sus eslogans: 'La lechuza de Atenea solo tomó vuelo al anochecer'. Lo que se podría traducirse a que solo podemos obtener la sabiduría de la historia a través del 'atardecer'.

Mojado y filosofando, junto a lechuzas y ranas, de nuevo el gwooooohk, gwooooohk, gwooooohk, ya mas tenue pues se apronta el nuevo día...es hora de ir a dormir junto a mi musa, antes de la llegada del nuevo amanecer...

RGH, Helianthus, 10 de Junio, 2022

Invitación a tomar Onces

Es interesante poder visualizar el siglo XIX en Chile y posiblemente estar sentado en la terraza de uno de los numerosos nuevos hoteles boutique del Cerro Alegre, o como lo llamaban los ingleses, "Pleasant Hill". Mirando a ese puerto de Valparaíso del siglo XXI donde su cultura fina y refinada ha ido desapareciendo, debido a las migraciones de sus porteños y así van quedando los cerros abandonados de ese vivir alegre, de su poesía y de sus casas de madera y latón.

Dice la tradición que los británicos tomaban té a las cinco de la tarde: 'Five o'clock tea', que hoy a los chilenos les gusta rememorar.

En 1840, Anna, la duquesa de Bedford en Inglaterra, comenzó a hacer popular, la tradición del té (Té de las Cinco, a la mitad de la tarde, en el que se servían refrigerios ligeros. Ella creó esta tradición, pues habitualmente ella sentía demasiada hambre en la tarde, en espera de la cena. Así fue, que ella comenzó a invitar a sus amistades a tomar té y gradualmente, esta tradición se extendió entre la élite y luego al resto de la población.

La tradición del té en Chile, a las cinco en punto, que hasta el día de hoy se conoce desconcertantemente como "las onces". Hoy, habitualmente llega ese mensaje con la invitación por 'WhatsApp', diciendo "mijita porque no vienes a tomar once el Sábado ya que va a venir esta fulana o la otra". Siendo estas tradiciones culturales de la comunidad británica en Chile del siglo XIX, que han dado origen en la actualidad a lo que llaman las onces, que son una verdadera cena pues consisten de esas delicias típicas que pueden esperarse en un té chileno: pan de marraqueta con palta Hass, pues ya la palta de La Cruz es muy hilachenta, lo que llaman mermelada, que viene a ser una confitura o dulce de frutilla o damasco, pero nunca una mermelada... ya que la verdadera mermelada es una conserva de fruta,

Pote de cerámica de la mermelada Keiller de Dundee.

elaborada a partir del zumo y la piel de cítricos hervidos con azúcar y agua. La versión más conocida es la mermelada de naranja amarga.

El origen de la mundialmente famosa mermelada Keiller's de Dundee, comenzó por casualidad en 1700. La historia cuenta, que un humilde tendero de Dundee, el joven James Keiller, aprovechó que un barco español se refugiaba de una tormenta invernal en el puerto de Dundee, con un gran cargamento de naranjas de Sevilla, que ya estaban prácticamente descompuestas. Especula y compra al español sus naranjas amargas de Sevilla, ya pasada la fecha del mejor día.

La ganga, dio a su madre, Janet, la oportunidad de fabricar una gran cantidad de mermelada. Hirvió las naranjas amargas con azúcar, lo que dio lugar a la creación de una

Sucrosa

Pectina

Ácido Cítrico

mermelada de naranja.

Si alguna vez, has intentado hacer mermelada, sabrás que se trata de un proceso complicado. Hay una serie de factores que deben estar en su punto, para conseguir una mermelada perfectamente cuajada, y la química puede ayudar a explicar el por qué.

Hay tres elementos químicos clave, en la elaboración de mermeladas: el azúcar, la pectina y los ácidos. Cada uno de estos elementos ayuda a que la mermelada adquiera su consistencia final.

La mermelada, no es más que un equilibrio de pectina, azúcar y ácido. El descubrir ese equilibrio, esa armonía de la cocina, permitió a las realezas europeas en el siglo XIX deleitar a sus invitados con las maravillosas mermeladas. También, los marinos británicos lograron curarse de los ataques de escorbutos con la maravillosa vitamina C, que aportaban las mermeladas.

Famosos Químicos como Louis Pasteur (bacteriólogo) y Marie Curie disfrutaban preparando nuevas recetas de mermeladas en su cocina, como una forma de relajación de su arduo trabajo en el laboratorio científico, que llevó eventualmente al descubrimiento de los elementos radio y polonio. Esta información sobre las mermeladas se encontró en su diario de vida, que hoy se guarda bajo plomo por la alta radioactividad que tiene.

Recuerdo que en casa de mis abuelos escoceses en Santiago había un árbol de naranjas de Sevilla y llegando el invierno me encaramaba por sus ramas a cosechar las naranjas amargas. Luego las llevaba en una tremenda cesta de mimbre a la cocina, donde se llevaría a efecto ese proceso físico y alquímico en su preparación. Era así, como lo primero que salía de la alacena era la paila de cobre (debemos recordar que la mermelada original, creada por primera vez en Dundee en 1797, se elaboraba en cacerolas de cobre y que aún hoy se sigue esa tradición), y el rebanador de mandolina con su afilada cuchilla de acero inoxidable, que entregaba hebras de cáscaras de naranjas que luego se ponían al remojo por toda la noche para sacarle una gran parte del amargo. Al día siguiente, se lavaban con agua fresca y luego se añadía el azúcar,. Las

Naranjos en la ciudad de Sevilla

pepas que se habían guardado, se ponían en un género de muselina que se doblaba en capuchón, luego se amarraba con una pita de cáñamo y se agregaba a la cacerola pues las pepas aportarían más pectina, esencial para poder darle al final, el punto a la mermelada.

Me imagino, que si hoy quieres hacer mermelada tendrías que ir a Villa Alegre, que está en el valle del Maule, y dirigirte a la plaza o a alguna de sus calles donde encontramos hileras de naranjos sevillanos, pues allí un vasco de Corrales de Buelma en Cantabria, nacido a fines del siglo XIX, de nombre Serafín Gutiérrez, quien llegó a esa aldea del Maule a los dieciocho años, estableciéndose allí. Después de muchos añ0s de ardua labor en

su nueva aldea, fue elegido alcalde de Villa Alegre y decidió plantar esos míticos naranjos que hizo traer de su suelo natal. Añoraba ese aroma de los azahares que los árabes en el siglo VIII habían traído a España, y es muy posible que él hubiera caminado en una Primavera por las calles de Isbiliya, la Sevilla árabe.

Sevilla, que en tiempos pasados tenía en la puerta de entrada a la ciudad, una inscripción que decía: "Hércules me edificó, Julio Cesar me cercó de muros y torres altas y el rey Santo me ganó con Garci Pérez de Vargas".

Se preguntarán, ¿Quién es el rey Santo? Él fue el rey Fernando III de España y Garci Pérez de Vargas, fue el maestre o jefe de su ejército, que conquistó Sevilla en 1284.

Volvamos atrás a la historia de los naranjos. Se dice en la mitología griega que Heracles, era hijo de Zeus y Alcmena (una mortal Él se conoce, allá en Sevilla bajo su nombre romano de Hércules, y fue el fundador mitológico de esta ciudad española. Y fue así, que cuando cumplía con uno de los trabajos encomendados por el rey griego Euristeo de Minos. En este debía traer de vuelta las manzanas de oro de las ninfas del ocaso (las Hespérides, que son las hijas de la noche. Estas ninfas cuidaban un precioso jardín que estaba localizado en un lejano sector del Occidente, muy cerca de la cordillera del Atlas, en el Norte de África y al borde del Océano, que circundaba al mundo.

Y así fue, que de camino al huerto sagrado donde crecían las manzanas, Heracles encontró a ese Titán, amigo de los mortales, Prometeo, atado a una roca y lo liberó. Prometeo, feliz de poder recobrar su libertad, le agradeció su ayuda, contándole que las manzanas estaban custodiadas por un dragón llamado Ladón, que no se dejaba conquistar, por lo cual Heracles al llegar al manzanar conversa con Atlas y le pide ayuda para conseguir las manzanas. Atlas, que sostiene la tierra y los cielos sobre sus hombros, accedió a ayudarlo. Pero le pidió a Heracles que cargara con el peso de del mundo, mientras el iba a cosechar las manzanas. Fue así como Heracles se quedó cargando al mundo y Atlas cosechó las manzanas. Pero al retornar Atlas con las manzanas, él ya no quería soportar más el peso del mundo y pensaba dejar a Heracles en su lugar.

Heracles aceptó a regañadientes esta nueva labor de sostener al orbe, pero le pidió a Atlas si podía por un instante coger nuevamente el Universo para el poder ajustarse su capa y poder amortiguar mejor el peso sobre sus hombros. Fue así, como Atlas volvió a sostener el universo y Heracles, tomando las manzanas de la inmortalidad se marchó a Sevilla a descansar. Fueron sus manzanas doradas, esas naranjas del jardín de las Hespérides, que luego crecerían, florecerían en esa ciudad morisca, del aroma del azahar.

Volviendo a la realidad histórica, fueron los marinos genoveses que trajeron desde el Asia la naranja amarga a Europa, donde se asociaban a la felicidad del sueño. Hoy, en la medicina vegetal, se recomienda la infusión con hojas de naranjo antes de acostarse, para ayudar a conciliar el sueño, debido a sus efectos calmantes. Demostrando la sabiduría de los árabes que plantaron naranjos por toda España, especialmente en la España musulmana.

Bueno, después de tanta narración y viajes, necesitamos volver a tomar esa taza de té de las cinco de la tarde, pues la hora va avanzando, y el 'scone' se está enfriando...

El 'scone' es un bollo o un bollito escocés que se sirve con mermelada a la hora del té. Sí, es bueno tener un momento para descansar, después de un agitado día de labores. Es necesario re-encontrarse con los aromas del té de hoja de camelia sinesis y recordar... como sufrían los pobres británicos del cerro Alegre cuando eran invitados por sus amigos chilenos a tomar té y le daban te de yerba mate de origen guaraní, servido en una calabaza y con una sola bombilla para todos[*]. Imagínense, la idea de compartir la bombilla, para tomar esa terrible infusión. Les estremecía

y cerraban los ojos pensando en sus tazas de porcelana del valle de Stoke-on-Trent llenas de té. Fue así como la sociedad porteña captó finalmente aquel epopeyico sufrir de sus invitados y decidieron finalmente adoptar la tradición británica del té.

Y volviendo a las onces de hoy, del siglo XXI, a "five o'clock tea" que se ha convertido en otra cena, pues tostadas de pan de marraqueta con palta, la so dicha 'Mermelada' de frutilla o damasco, salchichitas y otras menudencias, queso, pate, torta de milhojas, dulces chilenos...

"Shall I pour the tea?"
"No, let it brew, a while."
(¿Sirvo el té?"
"No, déjalo reposar, un rato)

RGH, Helianthus, Ditchling, August 6, 2023

Te sirvo el Té?

[continuación del cuento 'Invitación a Tomar Onces']

"Shall I pour the tea?" "No, let it brew a while."

(¿Sirvo el té?" "No, déjalo reposar, un rato)

Es interesante ver que esta costumbre de beber té en siglo XVII en Inglaterra consolidó el importante papel que jugaban las damas como dueñas de casa, para agasajar a huéspedes dentro del hogar. Las señoras empezaron a servir el té después de la cena en tazas de porcelana importadas desde China. Es así, como hoy se conoce en Inglaterra las vasijas de porcelanas como 'China sets' y no como tazas de porcelana.

A mediados del siglo XVIII, después de la cena, la costumbre era la separación de los sexos para distintas actividades. Se convirtió en un hábito para las clases altas y era criticado

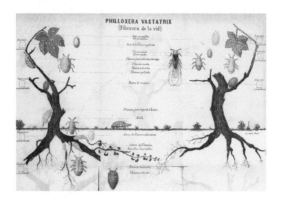

PHILLOXERA VASTATRIX
(Filoxera de la vid)

como bárbaro por visitantes del extranjero.

Aun hoy, en el siglo XXI se sigue practicando. Es necesario que los caballeros, puedan tener su espacio para poder platicar gozando de un bajativo, que muy posiblemente va a ser un añejado oporto que proviene solo de vides cultivadas en las laderas en terrazas del valle del rio Duero, en Portugal, con raíces que se extienden hasta Inglaterra. Muy posiblemente, el vino de Oporto se inventó accidentalmente, cuando un par de hermanos ingleses, antes de llevar un cargamento de vino portugués de vuelta a Inglaterra, a finales del siglo XVII, fortificaron el vino con aguardiente de uva para mantener su calidad durante el largo viaje.

La producción de vino cambió en Portugal y en Europa en general, a fines del siglo XIX, cuando llegó a los viñedos europeos, el insecto americano llamado filoxera, que había sido traído de contrabando a la vieja Europa, por un coleccionista de insectos, devastando la industria vinícola europea. Es importante recalcar que uno

de los pocos países que no ha tenido filoxera, es Chile y aún muchos de sus antiguos viñedos crecen sobre sus propias raíces. Hoy, los nuevos viñedos chilenos están plantados con portainjerto estadounidenses que son resistentes a los estragos de este insecto.

Este insecto dependiendo de su fase reproductiva, se va a alimentar de las raíces, causando infecciones fúngicas secundarias, destruyendo las raíces y cortando gradualmente el flujo de nutrientes y de agua a la vid. Asi, terminando con el viñedo.

Terrazas de vides junto al Rio Duero

Los viticultores portugueses habían dejado intactas las terrazas donde crecían sus vides, pues habían perdido la esperanza y se habían rendido ante la infestación. Incapaces de producir uvas aprovechables durante más de una década, vendieron sus tierras a empresas británicas dispuestas a esperar, hasta que se encontrara una solución. Fue así como la producción de oporto se reanudó, esta vez en tierras de propiedad británica.

Los británicos perfeccionaron la producción de oporto en los siglos siguientes, razón por la cual muchos oportos llevan nombres de familias británicas, como Taylor, Croft y Graham, que son los que se sirven después de la cena.

Esto me recuerda de una experiencia que tuvimos con mi esposa y sus padres hacia fines del siglo XX, cuándo fuimos invitados a cenar en la casa de uno de sus jefes, un especialista medico de renombre. Fue así, que después de cenar en forma opulenta, llegó a su fin la cena, los varones nos retiramos a la sala de biblioteca a tomar nuestro oporto y al mismo tiempo el anfitrión le dice a mi suegro: 'Hermes, would you like to go to the corner'? Mi suegro no entendía lo que estaba pasando y en forma muy diplomática se dejó llevar por el médico. Así es como el abre una pequeña puerta y le prende la luz de la pieza tirando de un cable que cae del techo y luego le cierra la puerta por

detrás de sus espaldas. Nos contaba mi suegro, como se reía, cuando se encontró en la 'sala del toilette', pues no sabía que a eso se referían, cuando hablaban del rincón. Las damas mientras tanto estaban siendo agasajadas en lo que ellos llaman el 'powder room'. Que es un término que se originó en las cortes nobiliarias, como espacios dedicados a refrescar las pelucas. Los 'powder rooms' en las casas se hicieron común en la clase media después de la Revolución Industrial del siglo XVIII, y estos cuartos eran una forma de demostrar estatus y riqueza".

Esta costumbre de las clases altas en Inglaterra se preserva hasta el día de hoy; la separación de los sexos después de la cena es una buena forma de relajación. No se piense que esta forma de separación de los sexos solo ocurre en Inglaterra. En Grecia, yendo a la misa de Pascua de Resurrección en una iglesia ortodoxa, vimos que los hombres se sientan a la derecha y las mujeres a la izquierda. Tradiciones y costumbres que se han preservado a lo largo del tiempo y que a veces es bueno preservar...

Arrojando los bultos del té al mar

Thomas Twining

Volviendo a nuestra historia de la costumbre del té, fue en 1711 que Thomas Twining empezó a vender té en forma comercial.

Thomas Twining, hijo de un batanero que se había trasladado a Londres, cuando Thomas tenía nueve años. Thomas, fue primero aprendiz de tejedor. Sin embargo, cambió de profesión y empezó a trabajar para un comerciante, Thomas D'Aeth, para la Compañía de las Indias Orientales. La Compañía de las Indias Orientales traía especies y té desde el Oriente a Gran Bretaña, pero no podía exportar estas comodidades a las colonias británicas. Por ley, la compañía estaba obligada a vender su té al por mayor en subastas en Inglaterra. Las empresas británicas compraban este té y lo exportaban a las colonias, donde lo revendían a comerciantes de Boston, Nueva York, Filadelfia y Charleston.

Cuando el té se hizo popular en las colonias británicas, el Parlamento trató de eliminar la competencia extranjera, aprobando en 1721, una ley que obligaba a los colonos a importar su té sólo de Gran Bretaña. Fue así como esto dio origen a lo que se denomina en inglés 'The Boston Tea Party'.

La Fiesta era una protesta política y mercantil estadounidense, que se llevó a cabo en 1773, por los Hijos de la Libertad de Boston, que se oponían a los impuestos excesivos en la compra del té, que ellos consideraban como una violación a sus derechos de libertad.

Esta oposición, los llevó a la destrucción del cargamento de té, donde los Hijos de la Libertad, muchos de ellos se disfrazaron como nativos americanos y tiraron el cargamento de té al Mar.

John Adams (Filósofo político, segundo presidente de Estados Unidos) y muchos otros estadounidenses, consideraban que beber té era antipatriótico, tras

el Motín del Té de Boston. El consumo de té disminuyó durante y después de la Revolución, dando paso al café, como bebida caliente preferida en los Estados Unidos de América.

En Chile en el siglo XIX y XX, no llegaba el té Twinings, pero si llegaban otras marcas y entre ellas la que importaba mi abuelo escocés, y esta era de otra familia productora y comercializadora de té, que era Brooke Bond Tea. Empresa que creo Arthur Brooke en Manchester, a mediados del siglo XIX.

Brooke eligió el nombre del negocio porque era su "vínculo" con sus clientes, el ofrecer tés de calidad, de ahí Brooke Bond (que significa 'vinculo' en

Un 'tea chest'

Un Batán en Cantabria, España

español). Lamentablemente Brooke Bond, hoy es parte de una empresa monopólica, perdiéndose el contacto íntimo con el público, por lo cual hoy debería llamarse 'Brooke Disbond'.

Las hojas de té Brooke Bond Taj Mahal se cultivan en plantaciones de Upper Assam, Darjeeling y Tripura. Crece en la ribera norte del Brahmaputra, que inunda sus orillas cada monzón, creando un suelo rico y húmedo. Las lluvias monzónicas son abundantes y la humedad dura todo el año. El suelo y el clima dan al té de Assam su "terroir": una infusión de color rojo oscuro, fuerte sabor a malta y cuerpo profundo.

Este té llegaba al puerto de Valparaíso en grandes cajas fabricadas con maderas terciadas y forradas por dentro con papel de aluminio para poder preservarlo mejor.

Se vendían estas a almacenes de abarrotes, desde donde se expendía al público, que lo compraba a granel. También se traía en paquetes de aluminio de un libra o dos (0.9 kilos).

Volviendo a la vida de Thomas Twining, este era hijo de un batanero ('fuller' en inglés). Según el diccionario, un batanero es alguien que llena la tela. Llenar una tela es hacerla más pesada encogiéndola, golpeándola con martillos para hacerla más densa y prensándola. Es muy común con la lana.

El trabajo de batanero por lo general se llevaba a cabo muy cerca de los ríos, para aprovechar la fuerza del agua y convertirla en energía hidráulica que ponía en funcionamiento el batán, la máquina textil del batanero.

El uso de los batanes se utilizó en Europa hasta fines del siglo XIX, después cayeron en desuso, debido al desarrollo de otras tecnologías para los textiles, traídas por la Revolución Industrial Escocesa.

Si examinamos la literatura española, encontramos batanes allá por el siglo XVII, cuando el escritor Miguel de Cervantes, en 1605, los incorporá a su obra 'El ingenioso hidalgo don Quijote de La Mancha'...y es así que caminando por villorrios de la provincia de Extremadura, les llega la noche, a Don Quijote y a Sancho... dejemos ahora que la historia, en forma simplificada, sea contada por Cervantes[*]....

"Y de esta forma, poco a poco, la noche había pasado, y el cielo empezaba a clarear anunciando la mañana.

Don Quijote comenzó a

Batanes y Don Quijote y Sancho

ver dónde estaban. Unos altos árboles les rodeaban y que eran espesos castaños. Volvió a repetir Don Quijote a Sancho que le esperara tres días y de no volver, que no se preocupara, que había hecho testamento a su favor para pagarle todo lo que había hecho por él, y que de volver, conseguiría la ínsula prometida.

Se enterneció tanto Sancho que al final decidió acompañarlo a pie. Se adentraron por el bosque de castaños en dirección al misterioso ruido. Llegaron hasta un salto de agua junto al que se levantaban unas cuantas casas. Junto de una de ellas provenía aquel espantoso ruido.

Iba Sancho agazapado tras Rocinante y se acercaban a la casa con cautela. Y al entrar, al fin descubrieron qué producía aquel ruido espantoso…. ¡seis mazas de batán! Las mismas mazas movidas por la corriente del agua que se encargaban de golpear y encurtir pieles.

Sancho de pronto sintió que sus mofletes se hinchaban en un intento desesperado de aguantar la risa, pero al mirar a su señor y ver su cara de desconcierto, no pudo resistirlo más y arrancó en un torbellino de risas que le tiraron de golpe al suelo.

Un batán

Reía Sancho con sarna y desenfreno y Don Quijote, enfadado, le dio unos golpes con la lanza.

"Pero señor, sé que no está bien reír así, pero no me negará vuestra merced que después del miedo que hemos sentido, bueno, al menos yo, que sé que usted no siente nunca miedo alguno, y la noche temerosa que hemos vivido por unos ruidos que nos parecían de demonios o salvajes, no es de risa que fueran simples mazas de batán…"

Hoy, en el siglo XXI, en Santiago de Chile el batán se ha convertido en un sanguche peruano, de lomo entre dos panes. No hay ruido, ni mazos girando, pero si, venta de batanes en la Comuna de Ñuñoa…

Hoy, se sirve el té junto a batanes, pues desde los años 90 se comenzó a usar el término "Ñuñork", para referirse a esa comuna de Santiago, ya que se asocia a un estilo de vida del primer mundo, diverso, intelectual, artístico, "progre"…

¿"Te sirvo el té, con tostadas de marraqueta…"?

RGH, Helianthus, Ditchling, 20 de Agosto, 2023

* La Aventura de Don Quijote y Sancho y los Batanes, cuento adaptado por la periodista Estefanía Esteban.

La Flor
del Atardecer

Como llovía ayer y la temperatura aún muy baja, alrededor de 7 a 8 grados Celsius y ya acercándose al ocaso del día. Ya paró de llover pues era la hora de Apolo, el Dios Griego de muchos talentos, entre ellos, Dios de la luz y fue así que dejó de llover y los rayos de Sol aparecieron por el Sureste. Se divisaba al Dios llevando el sol por el cielo con su carro de 4 caballos, yendo de vuelta a su caballeriza real, para que descansaran después de la jornada del día.

Y así fue como las Hespérides (Εσπερίδες) guadianas de las manzanas, abrieron la puerta de su casa, que resta dentro de la flor de la magnolia, para salir a contemplar el manzanar y los capullos de sus flores para protegerlos de la helada de la noche. Y fue en aquel preciso momento que pasé frente a su morada, cuando ya habían salido a hacer sus obligaciones, dejando su puerta, abierta así fue, como pude contemplar su altar donde preparaban la flor para su gestación. Se que volverán a su hogar temporal, cuando Apollo halla pasado con su carroza real y ellas, las ninfas de la tarde y de la luz dorada de los atardeceres, salen para poder contemplarlo y enamorarse del nuevo día, de ese hijo de Zeus y Leto.

RGH, Helianthus, 23 de Abril, 2023

Primavera

Hoy, asciende Persephone y qué feliz estaba su madre Demeter de verla recolectando nuevamente narcisos junto al arroyo de la vida. Era el día del nacimiento de las flores, no todas, pero las flores de ellas. En su entorno, volaban los pájaros llenos de las pasión de primavera. Sus cantos floridos era un regalo del cielo para compartir con las otras creaturas del mando. Esas notas musicales pajariles componian sinfonías primaverales, que no tienen imitación.

Las actuaciones peculiares de cada especie se manifestaban esa mañana con conspicuos movimientos sin límites.

¿Quién podría rechazar ese tipo de entretención?

El poder escuchar al ruiseñor parado sobre el extremo superior del árbol cantándole a su amante, una canción de atracción y concepción. Su melodía es difícil de describir en palabras, pero es como un meloso 'puii-puii-puii', es su canción de amor. Y esa es, la porción que el humano logre entender, la otra parte de su declaración, de su decir, de su discurso íntimo, queda entre ellos. Sus inflexiones de voz que son interrumpidos por silencio que solo ellos son capaces de entender para que el nido futuro pueda crecer.

RGH, Helianthus, 10 de Marzo, 2022

Telaraña

Miro a esta telaraña que brilla con el sol de la
amanecida y cuelga del umbral de la
puerta lista para atraparme cuando vaya a
salir de casa, a alimentar a los animales
de nuestra granja. Estando ya en el patio, es
tan hermoso observar la telaraña
cubierta del rocío del amanecer y la luz del
sol brillando sobre ella, como si la
quisiera mecer junto a esos corpúsculos de
agua, que yacen en esa cuna de seda
inmortal. Es como si las estrellas del
firmamento se reflejaran sobre su hilo
diciendo: deja que el alba sonría…

About The Author

Since an early age Richard enjoyed writing poems
and stories for the family. Now he writes for his
grandchildren, and the world at large.

Richard has a wide range of interests, that span
from scientific to humanistic subjects. Richard
has a DPhil. in Chemistry, and a Diploma in
Viticulture and Oenology.

Richard has completed his Scottish Heritage DHPA
MLitt Course at the University of Aberdeen.

Richard brings his multiple interests and insights to
his his poetry as he writes from deep within himself.

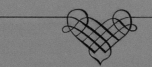

Printed in Great Britain
by Amazon